Word 고등 숙어 mini
∞ master

WORD MASTER
SERIES

PART

I

의미 추론으로 암기하는
핵심 숙어

001
□□
keep ~ in mind
■ remember, bear ~ in mind

~을 기억하다, ~을 명심하다

002
□□
keep an eye on
■ monitor, watch

~을 주시하다, ~을 계속 지켜보다

003
□□
keep out
■ exclude, shut out

~을 안에 들이지 않다, ~을 제외하다

004
□□
keep away from
■ stay away from, avoid

~을 가까이하지 않다, ~을 피하다,
~을 멀리하다

005
□□
keep ~ in check
■ control, restrain

~을 저지하다, ~을 억제하다

006
□□
keep on (-ing)
■ continue, persist, go on

계속해서 (~을) 하다

007
□□
keep up with
■ keep pace with

~을 따라가다, ~에 뒤처지지 않다

008
□□
keep track of

~을 놓치지 않고 따라가다,
~을 계속 파악하다

009 ☐☐	**keep A from -ing** ☐ stop[prevent] A from -ing	A가 ~하지 못하게 하다
010 ☐☐	**keep one's word** ☐ keep one's promise	약속을 지키다
011 ☐☐	**break in** ☐ 1 break into, intrude, invade ☐ 2 interrupt, disturb, cut in	1. 침입하다 2. 끼어들다, 방해하다
012 ☐☐	**take in** ☐ 1 absorb, understand ☐ 2 intake, ingest	1. ~을 이해[파악]하다, ~을 받아들이다 2. ~을 섭취하다
013 ☐☐	**be involved in** ☐ 2 be absorbed in, be engaged in	1. ~에 참여하다, ~에 연루되다 2. ~에 몰두하다
014 ☐☐	**specialize in** ☐ major in	~을 전문으로 하다, ~에 특화되다, ~을 전공하다
015 ☐☐	**deal in** ☐ trade in, sell	~을 매매하다, ~을 거래하다

016
☐☐
engage in
🔳 take part in, participate in

~을 하다, ~에 참여하다

017
☐☐
step in
🔳 cut in, middle in, intervene

개입하다, 끼어들다

018
☐☐
in charge (of)
🔳 responsible (for)

(~을) 책임지는, (~을) 맡은

019
☐☐
in response to

~에 반응[대응]하여,
~에 대한 반응으로

020
☐☐
result in
🔳 cause, bring about, give rise to

~을 초래하다, ~의 결과를 낳다

021 □□ **break down**	1. 고장 나다, 부서지다 2. 나누다, 분해되다
022 □□ **break into** ■ 2 burst into	1. 침입하다 2. 갑자기 ~하기 시작하다
023 □□ **break through** ■ 2 overcome, get over	1. 뚫고 나아가다, 돌파하다 2. (장애·어려움 등을) 극복하다
024 □□ **break up** ■ 2 split up, separate ■ 3 scatter, disperse	1. 부서지다 2. 헤어지다, 관계를 끝내다 3. 해산시키다
025 □□ **break away (from)** ■ 1 escape (from), get away (from)	1. (~에서) 도망치다 2. (~에서) 탈퇴하다, 독립하다
026 □□ **break out** ■ 1 happen, arise ■ 2 escape, flee	1. 발생하다, 발발하다 2. 벗어나다, 탈출하다
027 □□ **check out** ■ 1 borrow ■ 3 inspect, investigate	1. (책 등을) 대출하다 2. (호텔 등에서 계산을 하고) 나가다[체크아웃하다] 3. 검사하다, 점검하다

028 □□ **eat out**

외식하다

029 □□ **get out of**
🖀 leave

~에서 나오다, ~에서 벗어나다

030 □□ **point out**
🖀 indicate

가리키다, 지적하다

031 □□ **stand out**
🖀 stick out

두드러지다, 눈에 띄다

032 □□ **carry out**
🖀 1 accomplish, complete
🖀 2 perform, conduct

1. (약속·의무 등을) 이행하다
2. (실험 등을) 수행하다

033 □□ **drop out (of)**
🖀 quit

(~에서) 낙오하다, (~에서) 중퇴하다

034 □□ **wear out**
🖀 2 exhaust

1. 닳다, 닳게 하다
2. 지치게 하다

035 □□ **out of control**
🖀 helplessly, recklessly

통제할 수 없이

036 **wipe out** ☐☐ ⊟ destroy, get rid of	없애다, 완전히 파괴하다
037 **run out (of)** ☐☐ ⊟ use up, be out (of)	(~이) 바닥나다, (~을) 다 써 버리다
038 **figure out** ☐☐ ⊟ understand	이해하다, 알아내다
039 **sort out** ☐☐ ⊟ 1 classify, organize	1. 선별하다, 분류하다 2. 해결하다, 정리하다
040 **fill out** ☐☐ ⊟ complete, fill in	(문서에) 기입하다, 작성하다

041 ☐☐	**come across** **目** encounter, run across	우연히 마주치다[발견하다]
042 ☐☐	**come along** **目** 1 turn up, appear **目** 2 accompany, go with **目** 3 progress	1. 생기다, 나타나다 2. 동행하다 3. 진척되다, 나아지다
043 ☐☐	**come from** **目** 1 be from	1. ～ 출신이다 2. ～의 결과로서 일어나다, ～에서 비롯되다
044 ☐☐	**come off** **目** 1 fall off **目** 2 succeed	1. (～에서) 떨어지다 2. 성공하다
045 ☐☐	**come down** **目** 2 decrease, fall	1. 무너져 내리다 2. (가격·기온 등이) 감소하다, 떨어지다
046 ☐☐	**come true**	이루어지다, 실현되다
047 ☐☐	**come about** **目** happen, occur	일어나다, 생기다
048 ☐☐	**come to** *do*	～하게 되다

049 □□ **come up with**

~을 생각해 내다, ~을 고안하다

050 □□ **put on**
- 🔲 1 wear
- 🔲 2 apply
- 🔲 3 perform

1. 입다, 착용하다
2. 바르다
3. 공연하다

051 □□ **on board**
- 🔲 aboard

승선한, 승차한, 탑승한

052 □□ **carry on (with)**
- 🔲 continue

(~을) 계속하다

053 □□ **move on**

(새로운 주제나 다음 단계로) 넘어가다, 옮기다

054 □□ **pass on**

전달하다, 넘겨주다

055 □□ **turn on**
- 🔲 1 switch on, activate
- 🔲 2 depend on[upon]

1. (TV·전기·가스·수도 등을) 켜다
2. ~에 달려 있다, ~을 중심으로 하다

056 □□ **reflect on**
- 🔲 look back on

~을 반성하다, ~을 되돌아보다, ~을 숙고하다

057	**insist on** ☐☐ ⊟ assert, claim, demand	~을 주장하다[고집하다]
058	**count on** ☐☐ ⊟ rely on, depend on	~을 믿다, ~에 의존하다
059	**be based on** ☐☐	~에 근거[기초]하다, ~에 바탕을 두다
060	**on average** ☐☐ ⊟ overall	평균적으로, 대체로

061 **get back**
☐☐ ◳ 1 return

1. 돌아오다, 돌아가다
2. 돌려받다, 되찾다

062 **get off**
☐☐

1. (교통수단에서) 내리다
2. 떠나다, 출발하다

063 **get to *do***
☐☐

~하게 되다, ~하기 시작하다

064 **get away (from)**
☐☐ ◳ escape (from)

(~에서) 벗어나다, (~에서) 도망치다

065 **get away with**
☐☐

~에 대해 처벌을 면하다,
~을 그냥 넘어가다

066 **get over**
☐☐ ◳ 1 overcome
◳ 2 recover

1. 극복하다
2. 회복하다

067 **get in touch with**
☐☐

~에게 연락을 취하다,
~와 연락하다[접촉하다]

068 **get rid of**
☐☐ ◳ remove, abolish, do away
with

~을 없애다, ~을 처리하다

069 □□ **get through** ⊟ 2 finish ⊟ 3 survive	1. 통과하다, 통과시키다 2. 끝마치다, 완료하다 3. 이겨내다, 살아남다
070 □□ **show off** ⊟ boast	자랑하다, 과시하다
071 □□ **take off** ⊟ 1 undress ⊟ 2 depart	1. (옷 등을) 벗다 2. 이륙하다
072 □□ **peel off**	(껍질 등을) 벗기다, (표면이) 벗겨지다
073 □□ **set off** ⊟ 1 leave ⊟ 2 give rise to, bring about	1. 출발하다 2. ~을 유발하다
074 □□ **cool off**	식다, 식히다
075 □□ **fall off** ⊟ 2 decline, decrease, drop off	1. (~에서) 떨어지다, 넘어지다 2. 줄어들다, 쇠퇴하다
076 □□ **drop off** ⊟ 2 decline, decrease, fall off	1. ~을 갖다주다, (차에서) ~을 내려 주다 2. 줄어들다

077 ☐☐	**lay off**	해고하다
078 ☐☐	**off duty**	근무 중이 아닌, 비번인
079 ☐☐	**shut off**	멈추다, 차단하다, 끄다
080 ☐☐	**take time off** ■ take a vacation	휴식을 취하다, 휴가를 내다

081 □□	**give back**	(되)돌려주다
082 □□	**give ~ a hand**	~에게 도움을 주다
083 □□	**give away**	거저 주다, 기부하다
084 □□	**give up (on)** 🔁 stop, abandon	(~을) 포기하다, (~을) 그만두다
085 □□	**give out** 🔁 1 hand out 🔁 2 emit, give off	1. 나누어 주다 2. (빛·소리 등을) 내다, 발하다, 발산하다
086 □□	**give in (to)** 🔁 yield[submit] (to)	(~에) 굴복하다, (~을) 마지못해 받아들이다
087 □□	**give off** 🔁 emit, give out	(증기·빛·냄새 등을) 발산하다, 방출하다
088 □□	**give birth to** 🔁 1 bear 🔁 2 originate, initiate	1. ~을 낳다 2. ~을 생겨나게 하다
089 □□	**stay up**	자지 않고 일어나 있다, 깨어 있다

16

090 **look up to**
☐☐
■ respect, admire

~을 존경하다

091 **pick up**
☐☐
■ 2 give ~ a ride
■ 4 learn

1. 집다, 줍다, 들어올리다
2. (차에) 태우다
3. (맡긴 것을) 찾다, 찾아오다
4. (정보를) 알게 되다, (습관·재주 등을) 익히다

092 **build up**
☐☐
■ 1 accumulate
■ 2 enhance, increase, boost

1. 쌓다, 쌓아 올리다
2. 강화하다, 증진시키다

093 **speak up**
☐☐

큰 소리로 말하다

094 **speed up**
☐☐
■ accelerate

속도를 높이다

095 **spring up**
☐☐

갑자기 생겨나다

096 **show up**
☐☐
■ appear

나타나다

097 **up to**
☐☐

1. ~까지
2. ~에 달려 있는

098 □□ end up *-ing* — 결국 ~하게 되다

099 □□ sign up (for) — (~에) 등록하다, (~을) 신청하다

= register (for)

100 □□ dry up — 고갈되다, 줄어들다

| 101 ☐☐ | **go by** | (시간이) 지나다, (곁을) 지나가다 |

| 102 ☐☐ | **go around**
▣ 2 spread | 1. 방문하다, 들르다
2. (병·소문 등이) 퍼지다, 만연하다 |

| 103 ☐☐ | **go through**
▣ 1 undergo, experience
▣ 2 go over | 1. (어려움·절차 등을) 겪다, 거치다,
   경험하다
2. 살펴보다, 검토하다 |

| 104 ☐☐ | **go back (to)** | (~으로) 되돌아가다,
(~으로) 거슬러 올라가다 |

| 105 ☐☐ | **go away**
▣ 1 leave
▣ 2 disappear, fade away | 1. 떠나가다
2. 없어지다, 사라지다 |

| 106 ☐☐ | **go wrong** | 잘못되다 |

| 107 ☐☐ | **go on**
▣ 1 continue
▣ 2 happen, occur | 1. 계속하다, 계속되다
2. 발생하다, 일어나다 |

| 108 ☐☐ | **go off**
▣ set off | (알람이) 울리다, (폭탄이) 폭발하다 |

19

109 □□	**go beyond** ☐ exceed, surpass	~을 넘어서다, ~을 능가하다
110 □□	**go well with** ☐ match	~와 잘 어울리다
111 □□	**pass down** ☐ hand down	물려주다, 전해 주다
112 □□	**let down** ☐ disappoint	실망시키다
113 □□	**look down on**	~을 경시[무시]하다, ~을 업신여기다
114 □□	**slow down**	(속도를) 늦추다, 더디게 하다
115 □□	**cut down on** ☐ cut back on, reduce, lessen	~을 줄이다, ~을 절감하다
116 □□	**narrow down (to)**	(~으로) 좁히다, (~으로) 줄이다
117 □□	**calm down** ☐ relax, settle down, cool down	진정하다, 진정시키다

118 □□	**settle down** 🔁 2 calm down, cool down	1. 정착하다 2. 진정되다
119 □□	**shut down** 🔁 1 close down	1. (가게·공장 등을) 폐점하다, 폐쇄하다 2. (기계가) 멈추다, (기계를) 정지시키다
120 □□	**wear down**	닳아 없어지게 하다, 약화시키다

121 □□	**look after** ■ care for, take care of	돌보다, 보살피다
122 □□	**look over**	훑어보다, 살펴보다
123 □□	**look back (on)** ■ recall, reflect (on)	(~을) 되돌아보다, (~을) 회상하다
124 □□	**look forward to** *-ing*	~을 고대[기대]하다
125 □□	**look around**	둘러보다, 구경하다
126 □□	**look through** ■ browse	(재빨리) 살펴보다
127 □□	**look into** ■ examine, investigate	조사하다, 연구하다
128 □□	**look to** ■ expect, turn to, depend on	~에 기대하다, ~에 의지하다
129 □□	**look for** ■ seek	찾다, 구하다

130 ☐☐	**hear from**	~으로부터 연락을 받다
131 ☐☐	**stem from** 🔳 originate in, arise from	~에서 생겨나다, ~에서 유래하다
132 ☐☐	**be derived from** 🔳 derive[come/stem/arise] from	~에서 유래하다, ~에서 파생되다
133 ☐☐	**range from A to B**	(범위가) A에서 B까지 이르다
134 ☐☐	**prevent A from -ing** 🔳 stop[keep] A from -ing	A가 ~하는 것을 막다
135 ☐☐	**result from** 🔳 come from	~의 결과이다[~이 원인이다], ~에서 기인하다
136 ☐☐	**suffer from**	~으로 고통받다, ~에 시달리다
137 ☐☐	**die from**	~으로 죽다
138 ☐☐	**tell A from B** 🔳 distinguish A from B	A와 B를 구별하다

139 differ from
□□ **目** be different from

~와 다르다

140 apart from
□□ **目** 1 except for
目 2 besides, in addition to

1. ~을 제외하고
2. ~ 이외에도, ~뿐만 아니라

141 ☐☐	**take up** 🔲 1 occupy	1. (시간·장소 등을) 차지하다 2. 시작하다
142 ☐☐	**take place** 🔲 happen, occur	개최되다, 일어나다
143 ☐☐	**take part in** 🔲 participate in, engage in	~에 참여하다
144 ☐☐	**take turns**	돌아가며 하다, 교대로 하다
145 ☐☐	**take ~ for granted**	~을 당연히 여기다
146 ☐☐	**take on** 🔲 1 undertake	1. (책임·일 등을) 떠맡다 2. (태도·성질 등을) 띠다
147 ☐☐	**take care of** 🔲 look after, care for	~을 돌보다, ~을 처리하다
148 ☐☐	**take action** 🔲 take steps, take measures	조치를 취하다
149 ☐☐	**take notes (of)**	(~을) 필기하다

150 □□	**take notice of** 目 pay[give] attention to	~에 주목하다, ~에 주의를 기울이다
151 □□	**refer to** 目 1 mention 目 2 consult	1. ~을 언급하다 2. ~을 참고하다 3. ~을 가리키다[나타내다]
152 □□	**apply to**	~에 적용되다, ~에 해당되다
153 □□	**belong to**	~에 속하다, ~의 소유이다
154 □□	**according to**	~에 따라, ~에 의하면
155 □□	**adapt to** 目 adjust to	~에 적응하다
156 □□	**stick to** 目 adhere to, cling to	~을 고수하다, ~을 지키다
157 □□	**lead to** 目 cause, result in	(결과적으로) ~에 이르다, ~을 초래하다
158 □□	**amount to**	1. (합계가) ~에 이르다[달하다] 2. ~와 마찬가지다, ~에 해당하다

159 ☐☐	**prior to** 🔄 before, in advance of, ahead of	~(보다 이)전에, ~에 앞서
160 ☐☐	**prefer A to B**	B보다 A를 선호하다[더 좋아하다]

161
□□
put out
目 1 extinguish

1. (불을) 끄다
2. 내놓다

162
□□
put off
目 postpone, delay

연기하다, 미루다

163
□□
put together
目 1 assemble
目 2 create, prepare
目 3 combine

1. (부품을) 조립하다
2. 만들다
3. 합하다

164
□□
put aside
目 1 save

1. 저축하다, 모아 놓다
2. 제쳐 두다, 무시하다

165
□□
put down
目 3 write down

1. 내려놓다
2. 깎아내리다, 깔아뭉개다
3. 적어 두다

166
□□
put forward

(의견을) 제시하다, 제안하다

167
□□
put ~ into practice
目 put ~ into action

~을 실행에 옮기다

| 168 | **pass over** | 1. (위로) 지나가다, 통과하다 |
| | □□ | 2. (특히 자격이 있는 사람을) 제외시키다 |

169	**hand over**	건네다, 넘겨주다, 양도하다
	□□	
	≡ pass, turn over, give over	

170	**take over**	1. 이어받다, 인수하다
	□□	2. 차지하다, 장악하다
	≡ 2 acquire	

| 171 | **pull over** | (차를) 길가에 대다[세우다] |
| | □□ | |

172	**turn over**	1. 뒤집다
	□□	2. 넘기다
	≡ 1 flip	
	≡ 2 hand over	

173	**go over**	1. 복습하다, 반복하다
	□□	2. 검토하다, 주의 깊게 살피다
	≡ 1 repeat	
	≡ 2 examine, look into	

174	**think over**	심사숙고하다
	□□	
	≡ consider	

175 throw away
　☐☐
　🔡 throw out, dump

버리다

176 take away
　☐☐
　🔡 1 remove, get rid of
　🔡 2 deprive of

1. ~을 없애다, 제거하다
2. ~을 빼앗다

177 stay away from
　☐☐
　🔡 keep away from, avoid

~에서 떨어져 있다,
~을 가까이하지 않다

178 pass away
　☐☐
　🔡 die

사망하다, 죽다

179 fade away
　☐☐
　🔡 disappear, go away

서서히 사라지다, 없어지다

180 do away with
　☐☐
　🔡 remove, get rid of, abolish

~을 없애다

181 □□	**turn in** 🔁 hand in	제출하다
182 □□	**turn to** 🔁 1 look to 🔁 2 turn into, become	1. ~에 의존[의지]하다 2. ~으로 변하다
183 □□	**turn down** 🔁 1 refuse, reject, decline 🔁 2 lower	1. 거절하다 2. (소리 등을) 줄이다
184 □□	**turn A into B** 🔁 change A into B	A를 B로 바꾸다
185 □□	**turn out** 🔁 1 prove 🔁 2 produce	1. ~으로 판명되다, ~으로 드러나다 2. 생산하다
186 □□	**turn off**	(전기·가스·수도 등을) 끄다[잠그다]
187 □□	**apply for**	~에 지원하다
188 □□	**prepare for**	~을 준비하다

189 ☐☐	**long for** 🔳 wish for, yearn for	~을 갈망하다
190 ☐☐	**leave for**	~으로 떠나다
191 ☐☐	**ask for** 🔳 request, demand, call for, ask, call (up)on	~을 요청하다
192 ☐☐	**be famous for** 🔳 be known[renowned] for	~으로 유명하다
193 ☐☐	**vote for**	~에 찬성 투표하다
194 ☐☐	**be capable of** 🔳 can, be able to	~할 수 있다
195 ☐☐	**make fun of** 🔳 ridicule, tease	~을 놀리다, ~을 비웃다
196 ☐☐	**be aware of** 🔳 be conscious of	~을 인식하다, ~을 알고 있다
197 ☐☐	**be full of** 🔳 be filled with	~으로 가득 차다

198 **regardless of**
▣ irrespective of

~에 상관없이

199 **free of charge**

무료로, 무상으로

200 **die of**

(병·노령 등)으로 죽다

WORD MASTER
SERIES

PART

II

빈출순으로 암기하는
필수 숙어

201 ☐☐	**be supposed to *do*** ■ 1 be scheduled to *do* ■ 2 be forced to *do*	1. ~할 것으로 예정되다 2. ~해야 한다, ~하기로 되어 있다
202 ☐☐	**a variety of** ■ various, diverse, a diversity of	다양한, 여러 가지의
203 ☐☐	**along with** ■ 1 together with ■ 2 in addition to	1. ~와 함께 2. ~에 덧붙여, ~와 마찬가지로
204 ☐☐	**make sure** ■ 1 ensure ■ 2 confirm, check	1. 반드시[확실히] ~하다 2. 확인하다
205 ☐☐	**due to** ■ because of, owing to	~ 때문에
206 ☐☐	**instead of** ■ 1 in place of	1. ~ 대신에 2. ~하지 않고
207 ☐☐	**take pride in** ■ pride oneself on, be proud of	~을 자랑하다, ~에 자부심을 갖다
208 ☐☐	**first of all** ■ above all	우선, 가장 먼저

209 in a hurry
☐☐
  ■ 1 in haste
  ■ 2 busy

1. 서둘러, 급히
2. 바쁜

210 make a mistake
☐☐
  ■ make an error

실수하다, 잘못 생각하다

211 in addition
☐☐
  ■ 1 additionally, besides,
     moreover, furthermore

1. 게다가
2. ~에 덧붙여 《to》

212 a couple of
☐☐

1. 두 사람의, 둘의
2. 몇 사람의, 몇 개의

213 manage to *do*
☐☐

~을 (용케, 어떻게든) 해내다,
그럭저럭 ~하다

214 pay for
☐☐

1. ~에 (돈, 대가 등을) 지불하다,
   치르다
2. ~에 보답하다

215 care for
☐☐
  ■ 1 take care of, look after
  ■ 2 like, enjoy

1. ~을 돌보다[보살피다]
2. ~을 좋아하다

216 care about
☐☐ 🔢 1 mind
🔢 2 pay attention to

1. ~에 마음[신경]을 쓰다
2. ~에 관심을 가지다

217 after all
☐☐ 🔢 1 finally, eventually, in the
end, in the long run

1. 《예상과 달리》 결국에는
2. 《이유·설명을 덧붙일 때》 어쨌든

218 stare at
☐☐ 🔢 gaze at, glare at

~을 응시하다, ~을 빤히 쳐다보다

219 at the same time
☐☐ 🔢 1 all at once, simultaneously

1. 동시에
2. 《앞의 진술과 대조적인 진술일 때》
그와 동시에

220 fill A with B
☐☐

A를 B로 채우다

221 ☐☐	**pay attention to** ☰ attend to, give attention to, take notice of	~에 주의를 기울이다, ~에 주목[유의]하다
222 ☐☐	**a number of** ☰ 1 many, a lot of, lots of, numbers of ☰ 2 some	1. 많은, 다수의 2. 얼마간의, 몇 개의
223 ☐☐	**find out** ☰ discover, detect, figure out	알아내다, 찾아내다
224 ☐☐	**work on**	1. ~에 애쓰다, ~에 공들이다 2. ~을 연구하다, ~을 작업하다 3. ~에 영향을 주다, ~을 설득하다
225 ☐☐	**at least** ☰ at the very least	적어도, 최소한
226 ☐☐	**feel like -ing** ☰ want[wish] to do, would like to do	~하고 싶다, ~할 마음이 나다
227 ☐☐	**all the way** ☰ 1 always ☰ 2 completely	1. 줄곧, 내내, 항상 2. 온 힘을 다해, 완전히

| 228
☐☐ | **warm up** | 1. 따뜻하게 하다, 예열되다
2. 준비 운동을 하다, 몸을 풀다 |

228
☐☐ **warm up**
1. 따뜻하게 하다, 예열되다
2. 준비 운동을 하다, 몸을 풀다

229
☐☐ **except for**
　■ 1 with the exception of, other than
　■ 2 were it not for, but for
1. ~을 제외하고
2. ~이 없으면

230
☐☐ **set out**
　■ 1 leave, set off, depart
　■ 2 display, arrange, layout
　■ 3 begin, embark, start out
1. (여행을) 떠나다, 출발하다
2. ~을 정리[진열]하다, (말·글로 조리 있게) ~을 제시하다
3. (일에) 착수하다, 시작하다

231
☐☐ **as it is**
　■ as it (now) stands
현재로서는, 지금 실정으로는

232
☐☐ **as it were**
　■ so to speak
말하자면, 이를테면

233
☐☐ **focus on**
　■ concentrate on
~에 집중하다, ~에 중점을 두다

234
☐☐ **in terms of**
~의 면[점]에서, ~에 관해서

235
☐☐ **escape from**
　■ run away from, break free from
~에서 도망가다, ~에서 벗어나다

236 ☐☐	**for free** ▣ free of charge, without charge, at no cost, for nothing	공짜로, 무료로
237 ☐☐	**take a look at** ▣ have a look at	~을 (한번) 보다
238 ☐☐	**be about to *do*** ▣ be likely[ready] to *do*, be on the point of *doing*	막 ~하려던 참이다
239 ☐☐	**in the end** ▣ at last, finally, after all, in the long run, ultimately	결국, 마침내
240 ☐☐	**be responsible for** ▣ 1 be accountable[liable] for, take the responsibility of[for]	1. ~에 책임이 있다 2. ~의 원인이다

241 ☐☐	**make sense**	1. 앞뒤가 맞다, 타당하다, 말이 되다 2. 의미가 통하다, 이해가 되다
242 ☐☐	**as long as** 🔳 1 so long as, as[so] far as, insofar as	1. ~하기만 하면, ~하는 한 2. ~하는 만큼 오래
243 ☐☐	**used to *do***	~하곤 했다, (예전에) ~했다
244 ☐☐	**get used to *-ing*** 🔳 get accustomed to *-ing*	~(하는 것)에 익숙해지다
245 ☐☐	**in advance**	미리, 사전에
246 ☐☐	**rely on[upon]** 🔳 1 depend on[upon], count on 🔳 2 trust	1. ~에 의존[의지]하다 2. ~을 믿다[신뢰하다]
247 ☐☐	**by chance** 🔳 by accident, accidentally	우연히, 뜻밖에
248 ☐☐	**be crowded with** 🔳 be packed with	~으로 붐비다[혼잡하다], ~이 꽉 들어차다

| 249 ☐☐ | **in favor of** | 1. ~을 편들어[지지하여], ~에 찬성하여 |
| | | 2. ~에 유리하게, ~의 이익이 되도록 |

| 250 ☐☐ | **on earth** | 1. 《의문문에서》 도대체 |
| | ▣ 2 in the world | 2. 《부정문에서》 전혀, 조금도 |

| 251 ☐☐ | **enable A to *do*** | A가 ~할 수 있게 하다 |
| | ▣ allow A to *do* | |

| 252 ☐☐ | **plenty of** | 많은, 풍부한 |
| | ▣ a number of, a deal of | |

| 253 ☐☐ | **in common** | 공통되는, 공통으로 |

| 254 ☐☐ | **remind A of B** | A에게 B를 생각나게 하다[상기시키다] |

255 ☐☐	**all at once**	1. 갑자기
	▣ 1 suddenly, all of a sudden	2. 모두 함께, 동시에
	▣ 2 at the same time, at once, at a time, simultaneously	

| 256 ☐☐ | **take advantage of** | ~을 이용하다, ~을 활용하다 |
| | ▣ make use of, utilize | |

257 ☐☐ **for a while**

■ for some time, for the time being, for the present, for now

잠시 동안, 당분간

258 ☐☐ **tend to *do***

■ have a tendency to *do*, be inclined to *do*

~하는 경향이 있다

259 ☐☐ **out of stock**

재고가 없는, 품절[매진]된

260 ☐☐ **pick out**

■ 1 choose, select
■ 2 recognize

1. 고르다, 선택하다
2. 알아보다, 식별하다

261 □□ **complain of** ⊟ 1 complain about	1. ~에 대해 불평[항의]하다 2. (고통·병의 상태를) 호소하다
262 □□ **owing to** ⊟ due to, because of, on account of	~ 때문에
263 □□ **in need**	어려운, 궁핍한, 가난한
264 □□ **work out** ⊟ 1 exercise ⊟ 2 go well ⊟ 3 solve, resolve, fix ⊟ 4 calculate	1. 운동하다 2. 잘 되다, 잘 풀리다 3. 해결하다 4. 계산하다
265 □□ **feel free to** *do*	마음대로[자유롭게] ~하다
266 □□ **at random** ⊟ randomly, arbitrarily, irregularly	무작위로, 임의로, 마구잡이로
267 □□ **search for** ⊟ look for, seek	~을 찾다[탐색하다]

268 **in the first place**
□□ ▤ at first, at the start, at the outset

우선, 첫째로, 애초에

269 **owe A to B**
□□ ▤ 2 attribute A to B

1. B에게 A를 빚지다
2. A는 B의 덕분[덕택]이다

270 **a series of**
□□ ▤ a chain of, a train of

일련의

271 **make up**
□□ ▤ 1 constitute, form
▤ 2 invent

1. 구성하다, 이루다
2. 지어내다, 만들어 내다

272 **far from**
□□ ▤ 1 never, anything but, not at all, by no means
▤ 3 instead of

1. 전혀[결코] ～이 아닌
2. ～에서 멀리[먼]
3. ～하기는커녕 오히려

273 **be worth** *-ing*
□□ ▤ deserve *-ing*

～할 가치가 있다

274 **pass by**
□□ ▤ 1, 2 go by

1. (시간이) 지나다, 흐르다
2. (옆을) 지나가다

275 **on foot**
□□

걸어서, 도보로

46

276 ☐☐	**B as well as A** 🔲 not only A but (also) B	A뿐만 아니라 B 또한
277 ☐☐	**all of a sudden** 🔲 all at once, suddenly	갑자기, 불쑥, 불시에
278 ☐☐	**be known for**	~으로 알려져 있다, ~으로 유명하다
279 ☐☐	**be known as**	~으로(서) 알려져 있다
280 ☐☐	**in the long run** 🔲 eventually, ultimately, in the end, in the long term	결국에는, 장기적으로 보면

| 281 ☐☐ | **happen to *do***
 🔁 chance to *do* | 우연히 ~하다 |

| 282 ☐☐ | **depend on[upon]**
 🔁 1 rely on[upon], count on | 1. ~에 의존[의지]하다
 2. ~에 달려 있다 |

| 283 ☐☐ | **try one's best**
 🔁 do one's best | 최선을 다하다 |

| 284 ☐☐ | **by accident**
 🔁 accidentally, by chance | 우연히 |

| 285 ☐☐ | **be familiar with**
 🔁 be accustomed to | 《사람이》 ~에 익숙하다, ~을 잘 알다 |

| 286 ☐☐ | **be afraid of**
 🔁 fear | ~을 두려워하다 |

| 287 ☐☐ | **provide A with B**
 🔁 provide[supply/furnish] B for A | A에게 B를 공급[제공]하다 |

| 288 ☐☐ | **in vain**
 🔁 to no avail, fruitlessly, for nothing | 헛되이, 허사가 되어 |

289
☐☐ **in a row**
- one after the other, consecutively, in succession

연속[계속]해서, 잇달아

290
☐☐ **participate in**
- take part in, engage in

~에 참여[참가]하다

291
☐☐ **bump into**
- 1 crash into
- 2 encounter, come across, run into

1. ~에 부딪치다
2. ~와 마주치다

292
☐☐ **nothing but**
- only, merely, just

오직 ~만, (단지) ~일 뿐인

293
☐☐ **anything but**
- by no means, not at all

결코 ~이 아닌

294
☐☐ **take after**
- 1 resemble, look like

1. ~을 닮다
2. ~을 (재빨리) 쫓아가다[오다]

295
☐☐ **be forced to** *do*
- be compelled[obliged] to *do*

~할 수밖에 없다, ~하지 않을 수 없다

296
☐☐ **make use of**
- use, utilize, take advantage of

~을 이용하다, ~을 활용하다

297 □□	**in contrast (to)**	(~와) 대조적으로, (~에) 반해서
298 □□	**have an effect on** ▣ have an influence[impact] on, influence, affect	~에 영향을 미치다
299 □□	**lose control of**	~을 통제하지 못하다, ~을 제어할 수 없게 되다
300 □□	**distinguish A from B** ▣ tell A from B	A를 B와 구별하다

301 □□	**protect A from B** ■ protect A against B, guard A from B	A를 B로부터 보호하다[막다]
302 □□	**in turn** ■ 1 one by one, in order, by turns ■ 2 in the end, finally, eventually	1. 차례대로, 교대로 2. 결과적으로, 결국
303 □□	**other than** ■ 1 apart[aside] from, except ■ 2 different from	1. ~ 외에, ~을 제외하고 2. ~와 다른, ~이 아닌
304 □□	**succeed in**	~에 성공하다
305 □□	**succeed to** ■ take over, inherit	~을 물려받다, ~을 계승[승계]하다
306 □□	**concentrate on** ■ focus on	~에 집중하다
307 □□	**when it comes to** ■ as for	~에 관한 한, ~에 관해서라면

308 **sooner or later**
- before long, in the near future, early or late

조만간, 머지않아

309 **add to**
- 1 increase

1. ~을 늘리다[증가시키다]
2. ~에 추가하다

310 **be accustomed to -ing**
- be used to -ing

~하는 데 익숙하다

311 **on and on**
- continuously

계속해서, 쉬지 않고

312 **be apt to do**
- 1 tend to do, be liable[prone] to do, be inclined to do
- 2 be likely to do

1. ~하는 경향이 있다
2. ~할 것 같다

313 **in effect**
- 1 in fact, actually, in reality
- 2 in force

1. 실제로, 사실상
2. 시행 중인, 발효 중인

314 **back and forth**
- to and from, from side to side

앞뒤로, 왔다갔다, 여기저기

315 **make an effort**
- make efforts, strive, endeavor

노력하다

316 ☐☐	**in harmony (with)**	(∼와) 조화를 이루며, (∼와) 협조하여
317 ☐☐	**stop by** ☰ visit, drop by, call in	∼에 (잠깐) 들르다
318 ☐☐	**out of the question** ☰ impossible	불가능한, 논외의
319 ☐☐	**cut off** ☰1 cut out, cut down ☰2 block, interrupt ☰3 disconnect, shut off	1. ∼을 잘라내다, ∼을 베다 2. ∼을 가로막다 3. (전기·수도 등을) 끊다[중단시키다]
320 ☐☐	**blame A for B**	1. B에 대해 A를 비난하다 2. B를 A의 탓으로[책임으로] 돌리다

321 **pay off**
- 1 repay, pay back
- 2 succeed

1. (빚 등을) 완전히 갚다, 청산하다
2. 성과를 올리다, 성공하다

322 **on purpose**
- deliberately, intentionally, purposely

고의로, 일부러, 의도적으로

323 **run into**
- 1 come across, bump into
- 2 hit, crash into, bump into
- 3 face, encounter

1. ~와 우연히 만나다
2. ~에 충돌하다
3. (곤경 등을) 맞닥뜨리다, 겪다

324 **at all cost(s)**
- at any cost, at any price

어떤 일이 있어도, 무슨 수를 써서라도

325 **be tired of**
- be sick of, be fed up with

~에 싫증이 나다

326 **be tired from**

~으로 피곤하다[지치다]

327 **in person**
- personally

직접, 몸소

328 **make a difference**
- change, have an impact

변화를 가져오다, 영향을 미치다

329 on a regular basis
☐☐
🔲 regularly

정기적으로, 규칙적으로

330 stand for
☐☐
🔲 1 symbolize, represent
🔲 2 support

1. ~을 상징하다,
   ~을 나타내다[의미하다]
2. ~을 옹호하다[지지하다]

331 pile up
☐☐
🔲 accumulate

~을 쌓다[축적하다], 쌓이다

332 replace A with B
☐☐
🔲 substitute A with B, substitute
   B for A

A를 B로 대체[대신]하다

333 be attached to
☐☐

1. ~에 부착되어 있다
2. ~에 애착[애정]을 가지다

334 devote oneself to
☐☐
🔲 dedicate[apply] oneself to,
   be devoted[dedicated/
   committed] to

~에 헌신[전념]하다

335 head for
☐☐
🔲 go towards

~으로 향하다[향해 나아가다]

336 □□	**at (the) most** ▤ at the maximum, not more than	기껏해야, 최대
337 □□	**adjust to** ▤ adapt to	~에 적응하다, ~에 순응하다
338 □□	**before long** ▤ soon, shortly, in a little while	곧, 머지않아, 얼마 후
339 □□	**on one's way (to)**	(~으로) 가는[오는] 도중에
340 □□	**be obsessed with[by]**	~에 사로잡혀 있다, ~에 빠져 있다, ~에 집착하다

341 □□ **account for**
- 1 explain
- 2 occupy, take[make] up, constitute

1. ~을 설명하다
2. ~을 차지하다
3. ~의 원인이다[원인이 되다]

342 □□ **in particular**
- particularly, especially

특히, 특별히

343 □□ **dispose of**
- 1 get rid of, do away with, throw away
- 2 (re)solve, fix

1. ~을 버리다, ~을 처리[처분]하다
2. ~을 해결하다

344 □□ **make up one's mind**
- decide

마음을 정하다, 결심하다

345 □□ **out of place**
- 2 unsuitable

1. 제자리에 있지 않은
2. (상황에) 맞지 않는, 부적절한

346 □□ **hold out**
- 1 extend, reach out
- 2 resist, withstand

1. (손 등을) 내밀다, 뻗다
2. 버티다[견디다], 저항하다
3. (가능성·희망 등을) 보이다, 드러내다

347 □□ **in search of**
- in pursuit of

~을 찾아서, ~을 추구하여

348 □□	**be true of**	~에 적용되다, ~에 해당하다

349 □□	**be anxious for[to *do*]** ▣ be eager for[to *do*]	~(하는 것)을 몹시 원하다[열망하다]

350 □□	**be anxious about** ▣ be worried[concerned] about	~을 걱정[염려]하다

351 □□	**fix up** ▣ 1 repair ▣ 2 arrange	1. ~을 수리하다 2. (약속 등을) 정하다

352 □□	**at hand**	1. (시간·거리상) 가까이에 (있는) 2. 언제든지 쓸 수 있게

353 □□	**leave out** ▣ 2 omit, exclude, eliminate	1. ~을 소외시키다 2. ~을 빼다[생략하다]

354 □□	**(just) in case**	(혹시라도) ~할 경우를 대비하여

355 □□	**hang up**	1. 전화를 끊다 2. (옷 등을) 걸다, 걸려 있다

356 **on the spot**
☐☐
    ◼ 1 immediately, instantly,
        at once, right away
    ◼ 2 on site, on the ground

1. 즉각, 즉석에서
2. 현장에서

357 **be faced with**
☐☐

~에 직면하다, ~와 마주치다

358 **at a distance**
☐☐

멀리서, 멀리 떨어져, 거리를 두고

359 **upside down**
☐☐

거꾸로, 뒤집혀

360 **refer to A as B**
☐☐

A를 B라고 언급하다[부르다]

361 □□	**be associated with** ■ be related to, be concerned with	~와 관련[연관]되다
362 □□	**in itself** ■ in its own nature	그 자체로, 본질적으로
363 □□	**hand down** ■ pass down	~을 전수하다, ~을 물려주다
364 □□	**in detail**	상세히, 자세히
365 □□	**cheer up** ■ 1 chin up, lighten up ■ 2 encourage, lift[raise] one's spirits	1. 기운을 내다 2. 격려하다, ~의 기운을 북돋우다
366 □□	**by means of** ■ through, with the help[use] of	~에 의하여, ~을 사용하여
367 □□	**be aimed at**	~을 목표로 하다, ~을 대상으로 하다
368 □□	**accuse A of B** ■ 1 blame A for B ■ 2 charge A with B	1. A를 B로 비난하다 2. A를 B로 고발[기소]하다

369 □□	**fit in**	1. ~에 꼭 들어맞다, 　~에 맞게 들어가다 2. 어울리다, 적응하다
370 □□	**come to mind** 🔲 spring to mind	생각이 나다, 생각이 떠오르다
371 □□	**be made up of** 🔲 consist of, be composed of	~으로 구성되다, ~으로 이루어지다
372 □□	**out of order** 🔲 1 broken 🔲 3 improper, wrong	1. 고장 난 2. 정리가 안 된, 어지럽혀진 3. (규칙 등에) 어긋나는, 도리를 벗어난
373 □□	**make room for**	~을 위한 자리를 만들다
374 □□	**approve of** 🔲 admit, consent to	~을 승인[인정]하다, ~을 찬성하다
375 □□	**every other day**	하루걸러, 격일로, 이틀마다
376 □□	**at ease** 🔲 comfortable, relaxed	(마음이) 편안한

<table>
<tr>
<td>377 ☐☐</td>
<td>**with ease**
⊟ easily</td>
<td>쉽게, 간단히</td>
</tr>
<tr>
<td>378 ☐☐</td>
<td>**hold back**
⊟ 1 suppress, control, repress, restrain
⊟ 2 interrupt, disturb
⊟ 3 hide, conceal, cover up</td>
<td>1. (감정 등을) 억제하다[참다]
2. 방해하다[막다]
3. 숨기다, 비밀로 하다</td>
</tr>
<tr>
<td>379 ☐☐</td>
<td>**leave ~ behind**</td>
<td>1. (의도적으로) ~을 두고 가다[오다]
2. ~을 깜박 잊고 가다[오다]</td>
</tr>
<tr>
<td>380 ☐☐</td>
<td>**set aside**
⊟ 1 lay aside, reserve, store, save
⊟ 2 lay aside, disregard, ignore</td>
<td>1. 따로 떼어 두다, 비축하다
2. 제쳐 두다, 한쪽으로 치워 놓다</td>
</tr>
</table>

381 □□	**put up with** ■ endure, stand, tolerate, bear	~을 참다, ~을 견디다
382 □□	**no more than** ■ only	겨우, 단지
383 □□	**regard A as B** ■ think of A as B, look upon A as B, consider[view] A as B	A를 B로 여기다[생각하다]
384 □□	**out of mind**	마음에 없는, 잊힌, 정신이 없는
385 □□	**out of one's mind** ■ out of one's head, insane	제정신이 아닌, 몹시 흥분해서
386 □□	**help out**	도와주다, 거들다
387 □□	**be fond of** ■ like, love	~을 좋아하다
388 □□	**give it a try** ■ give it a go[shot]	시도하다, 한번 해 보다
389 □□	**by way of** ■ 2 via, through	1. ~으로서, ~을 위해 2. ~을 거쳐서[경유해서]

390 ☐☐	**line up**	1. 한 줄로 서다[세우다]
	▤ 1 array	2. 준비하다, 마련하다
	▤ 2 arrange, prepare	

| 391 ☐☐ | **place an order** | 주문하다 |

| 392 ☐☐ | **be charged with** | 1. ~의 책임을 맡고 있다 |
| | ▤ 1 be in charge of | 2. ~의 혐의를 받다, ~으로 기소되다 |

| 393 ☐☐ | **needless to say** | 말할 필요도 없이 |
| | ▤ to say nothing of, not to mention | |

| 394 ☐☐ | **be acquainted with** | 1. ~을 잘 알다, ~에 정통하다 |
| | | 2. ~와 친분이 있다, ~와 아는 사이다 |

395 ☐☐	**as opposed to**	1. ~와 대조적으로[반대로]
	▤ 1 in contrast with	2. ~이 아니라
	▤ 2 rather than	

| 396 ☐☐ | **have trouble (in) -*ing*** | ~하는 데 어려움을 겪다 |
| | ▤ have difficulty[a hard time] (in) -*ing* | |

| 397 ☐☐ | **back up** | 1. 뒷받침하다, 지지[후원]하다 |
| | ▤ 1 support | 2. (파일·프로그램 등을) 백업하다, 복사하다 |

| 398 □□ | **a host of** | 다수의, 많은 |
| | ▣ a multitude of, a majority of, a number of, numbers of | |

| 399 □□ | **by far** | 《비교급·최상급 강조》 훨씬, 단연코 |

| 400 □□ | **take ~ into account** | ~을 고려하다[참작하다] |
| | ▣ take account of, take ~ into consideration, consider | |

401 □□	**contribute to**	1. ~에 기여[공헌]하다 2. ~의 원인이 되다
402 □□	**bring about** 🔲 cause, lead to	~을 유발하다, ~을 초래하다
403 □□	**in return (for)** 🔲 1 in exchange[compensation] (for)	1. (~에 대한) 보답으로[대가로], (~) 대신에 2. (~에 대한) 반응으로
404 □□	**of itself**	저절로, 자연히
405 □□	**reach (out) for**	1. ~을 잡으려고 손을 뻗다 2. ~을 얻으려고 노력하다, ~을 추구하다
406 □□	**with the help of** 🔲 by the help of	~의 도움으로, ~에 의지하여
407 □□	**consist of** 🔲 be made up of, be comprised of, be composed of	~으로 구성되다, ~으로 이루어지다
408 □□	**consist in** 🔲 lie in	(주요 특징이) ~에 있다[존재하다]

409 ☐☐	**be devoted to** 🔁 devote oneself to, 　be committed[dedicated] to	~에 전념하다, ~에 헌신하다
410 ☐☐	**ahead of time** 🔁 in advance, beforehand	미리, 사전에
411 ☐☐	**be content with** 🔁 be satisfied with	~에 만족하다
412 ☐☐	**appeal to** 🔁 1 beg 🔁 2 attract	1. ~에(게) 호소하다 2. ~의 관심[흥미]을 끌다
413 ☐☐	**ups and downs**	흥망성쇠, 기복, 우여곡절
414 ☐☐	**may[might] as well**	~하는 편이 낫다, ~하는 것이 좋다
415 ☐☐	**have difficulty (in) -ing** 🔁 have trouble[a hard time] -ing	~하는 데 어려움을 겪다
416 ☐☐	**mess up** 🔁 make a mess, spoil	~을 망치다, ~을 엉망으로 만들다

417 ☐☐	**out of date** 📄 old-fashioned, outmoded	구식의, 시대에 뒤떨어진
418 ☐☐	**in practice** 📄 in fact, in reality	실제로
419 ☐☐	**(just) around[round] the corner**	1. 임박하여, 곧 다가온 2. 바로 근처에, 아주 가까이에
420 ☐☐	**have nothing to do with** 📄 have no connection with	~와 관련이 전혀 없다

421 ☐☐	**can afford to** *do*	~할 여유가 있다
422 ☐☐	**a range of** ⊟ 1 a variety of	1. 다양한 2. 일정 범위의
423 ☐☐	**interfere with** ⊟ hinder, disturb, get in the way	~을 방해하다
424 ☐☐	**interact with**	~와 상호 작용하다, ~와 교류하다
425 ☐☐	**be willing to** *do* ⊟ be ready to *do*	기꺼이 ~하다, ~할 의향이 있다
426 ☐☐	**so to speak** ⊟ as it were, that is to say	말하자면, 이를테면
427 ☐☐	**have no choice but to** *do* ⊟ cannot help -*ing*, cannot choose but *do*, have no option to *do*	~할 수밖에 없다, ~하지 않을 수 없다
428 ☐☐	**starve to death** ⊟ die of hunger	굶어 죽다

69

429 □□	**take a measure** 🔵 take action, take a step	조치를 취하다
430 □□	**deprive A of B** 🔵 rob A of B	A에게서 B를 박탈하다[빼앗다]
431 □□	**set foot on[in]**	~에 발을 들여놓다, ~에 들어서다
432 □□	**for ages** 🔵 for an age, for long, for a long time, in ages	오랫동안
433 □□	**no longer** 🔵 not ~ any longer[more], no more	더 이상 ~이 아닌
434 □□	**supply A with B** 🔵 provide[furnish] A with B, supply[provide] B for[to] A	A에게 B를 공급[제공]하다
435 □□	**come upon** 🔵 come across, bump into	우연히 마주치다
436 □□	**make a fortune** 🔵 build up a fortune	많은 돈을 벌다, 부자가 되다

437 ☐☐	**up to date**	최신의
438 ☐☐	**be suitable for** 🔁 be suited to, be fit for	~에 적합하다, ~에 알맞다
439 ☐☐	**in one's shoes**	~의 입장이 되어
440 ☐☐	**be divided into** 🔁 be split into	~으로 나누어지다

441 □□	**inform A of B** ■ notify A of B	A에게 B를 알리다
442 □□	**more or less** ■ 1 about, almost, nearly, approximately, roughly ■ 2 to some extent[degree], somewhat	1. 거의, 약[대략] 2. 다소, 어느 정도
443 □□	**cope with** ■ 1 deal with, handle, manage ■ 2 overcome	1. ~에 대처하다, ~을 감당[처리]하다 2. ~을 극복하다
444 □□	**in that**	~라는 점에서, ~이므로
445 □□	**catch one's eye** ■ attract[draw/catch/get] one's attention	~의 눈길[주의]을 끌다
446 □□	**fall apart** ■ 1 collapse, break down	1. 부서지다, 허물어지다 2. (조직·제도·관계 등이) 깨지다 [무너지다]
447 □□	**from then on**	그때부터, 그 이후로

448 ☐☐	**in question** 🔲 1 in doubt, uncertain 🔲 2 at issue, under discussion	1. 의심스러운, 불확실한 2. 문제의, 해당하는, 논의되고 있는
449 ☐☐	**depart from** 🔲 1 break away from 🔲 2 leave from	1. ~에서 벗어나다[빗나가다] 2. ~에서 출발하다[떠나다]
450 ☐☐	**on business**	업무로, 볼일이 있어서
451 ☐☐	**dispense with** 🔲 1 do away with, get rid of 🔲 2 do[live] without	1. ~을 없애다, ~을 생략하다 2. ~ 없이 지내다
452 ☐☐	**at large** 🔲 1 overall, whole 🔲 2 on the loose[run]	1. 전반적인, ~ 전체 2. 잡히지 않은, 탈주 중인
453 ☐☐	**run for**	~에 입후보하다, ~에 출마하다
454 ☐☐	**as a consequence** 🔲 as a result, consequently	결과적으로, 결과로서
455 ☐☐	**no wonder**	놀랄 일이 아니다, 당연하다

73

456 □□	**make up for** ⊟ compensate for	~을 보상하다, ~을 만회하다
457 □□	**make up with** ⊟ reconcile with	~와 화해하다
458 □□	**of no use** ⊟ useless	쓸모없는, 도움이 안 되는
459 □□	**out of reach (of)** ⊟ beyond one's reach (of)	(~의) 손이 닿지 않는 곳에, (~의) 힘이 미치지 않는 곳에
460 □□	**be characterized by** ⊟ be marked by	~이 특징이다

24

461 **be composed of**
□□ 🔁 consist of, be made up of

~으로 구성되다[이루어지다]

462 **by nature**
□□ 🔁 innately, inherently

천성적으로, 본래

463 **cannot help but** *do*
□□ 🔁 have no choice but to *do*,
cannot help -*ing*

~할 수밖에 없다, ~하지 않을 수 없다

464 **in haste**
□□ 🔁 in a hurry

서둘러서, 급히

465 **do without**
□□ 🔁 dispense[go] with

~ 없이 지내다[견디다]

466 **in place of**
□□ 🔁 instead of

~ 대신에

467 **translate A into B**
□□

A를 B로 번역하다[옮기다]

468 **act on[upon]**
□□ 🔁 2 have an effect on, affect,
work on

1. ~에 따라 행동하다, ~을 따르다
2. ~에 영향을 주다, ~에 작용하다

469 **date back to**
□□
  ■ trace back to

~까지[~으로] 거슬러 올라가다

470 **be overwhelmed with**
□□

1. ~에 압도되다
2. ~에 휩싸이다

471 **of late**
□□
  ■ recently, in recent times

최근에, 요즘

472 **inferior to**
□□

~보다 열등한

473 **collide with**
□□
  ■ 1 crash into
  ■ 2 bump into

1. ~와 충돌하다
2. ~와 우연히 마주치다

474 **point of view**
□□
  ■ perspective, standpoint,
    viewpoint, stance

관점, 입장, 견해

475 **set in**
□□

시작되다, 시작하다

476 **be dependent on[upon]**
□□
  ■ 2 depend on[upon]

1. ~에 의존[의지]하다
2. ~에 달려 있다

477 at will
□□
■ freely, at one's desire[wish/
pleasure]

마음대로, 자유의사로

478 in the meantime
□□
■ in the meanwhile

그동안에, 그사이에

479 stand up to
□□
■ confront, resist, withstand

~에 맞서다, ~에 저항하다[견디다]

480 stand up for
□□
■ support, defend

~을 지지하다, ~을 옹호하다

481
☐☐ **be exposed to**
■ 2 experience

1. ~에 노출되다
2. ~을 경험하다, ~을 접하다

482
☐☐ **may[might] well**

1. 아마 ~일 것이다
2. ~하는 것도 당연하다

483
☐☐ **call on[upon]**
■ 1 ask for, request
■ 2 visit

1. ~에게 요청[부탁]하다
2. ~을 방문하다

484
☐☐ **be busy** *-ing*

~하느라 바쁘다[분주하다]

485
☐☐ **to some degree**
■ to some extent, more or less,
to a certain degree

어느 정도, 다소

486
☐☐ **weed out**
■ root out

제거하다, 뽑아 버리다

487
☐☐ **be correlated with**
■ be associated with

~와 관련[연관]이 있다

488
☐☐ **(the) chances are (that)**
■ it is likely (that), probably

아마 ~일 것이다, ~할 가능성이 높다

489 □□	**persist in** ▣ insist on	～을 고집하다[지속하다]
490 □□	**be bound to** *do* ▣ 1 be sure[certain] to *do* ▣ 2 be obligated[obliged] to *do*	1. 반드시 ～하다, ～할 수밖에 없다 2. ～할 의무가 있다
491 □□	**be bound for**	～행이다, ～으로 향하다
492 □□	**in a flash** ▣ like a flash, in a moment, in an instant	순식간에, 순간적으로
493 □□	**comply with**	～을 따르다, ～에 순응하다, ～을 준수하다
494 □□	**burst into** ▣ burst out	(웃음·울음 등을) 터뜨리다, 갑자기 ～하다
495 □□	**to one's surprise** ▣ to one's astonishment [amazement]	놀랍게도
496 □□	**back off** ▣ 1 move[go/step/stand] back ▣ 2 abandon, give up, retreat	1. 뒤로 물러나다 2. 그만두다, 포기하다

497 □□ **put ~ to (good) use**	~을 (잘) 이용[활용]하다
🔳 make (good) use of	
498 □□ **at a glance**	한눈에 (보기에), 단번에
499 □□ **by comparison**	그에 비해
🔳 in comparison	
500 □□ **make it a rule to** *do*	~하는 것을 원칙으로 하다
🔳 make a point of *-ing*	

501 □□	**attribute A to B** 🔁 owe A to B, ascribe A to B	A를 B의 탓으로 돌리다, A를 B 때문으로 여기다
502 □□	**in the face of** 🔁 1 in the presence of 🔁 2 in spite of	1. ~에 직면하여 2. ~에도 불구하고
503 □□	**attend to** 🔁 1 deal with, address 🔁 2 take care of 🔁 3 pay attention to	1. ~을 처리하다 2. ~을 돌보다 3. ~에 주의를 기울이다
504 □□	**out of nowhere**	난데없이, 갑자기, 불쑥
505 □□	**pass up** 🔁 2 reject, refuse	1. (기회를) 놓치다 2. 거절하다, 포기하다
506 □□	**clear A of B** 🔁 rid A of B	A에서 B를 제거하다[없애다]
507 □□	**live up to** 🔁 1 fulfill	1. ~에 부응하다 2. ~에 맞추어[따라] 살다
508 □□	**yield to** 🔁 2 surrender to	1. ~에 양보하다 2. ~에 굴복하다 3. ~으로 대체되다

81

509 □□	**call it a day**	그만하기로 하다, 끝내다
510 □□	**be absorbed in** 🔁 be engaged in, get involved in	~에 열중[몰두]하다
511 □□	**bring on** 🔁 give rise to, lead to, bring about, result in, cause	~을 야기하다, ~을 초래하다
512 □□	**only a few** 🔁 (only) a handful of, just[but] a few	단지 몇 개(의), 소수(의)
513 □□	**quite a few** 🔁 a good few, not a few	상당수(의)
514 □□	**lose sight of**	1. ~을 보지 못하다, ~을 시야에서 놓치다 2. ~을 잊어버리다
515 □□	**be down to**	1. ~ 때문이다, ~의 책임이다 2. ~만 남다
516 □□	**at any rate** 🔁 in any case[event], anyway	어쨌든, 하여튼

517 □□	**be reluctant to** *do* ⊟ be unwilling to *do*	~하기를 꺼리다
518 □□	**now that** ⊟ since	~이므로, ~이기 때문에
519 □□	**aside from** ⊟ 1 in addition to, besides, apart from ⊟ 2 except for, apart from	1. ~ 외에도, ~뿐만 아니라 2. ~을 제외하고
520 □□	**it is no use** *-ing*	~해도 소용없다

521 ☐☐ **strive for** 🔁 seek for, struggle for	~을 얻으려고 노력하다[애쓰다], ~을 추구하다
522 ☐☐ **give rise to** 🔁 give birth to, originate, cause, provoke	~을 일으키다, ~을 생기게 하다
523 ☐☐ **call for** 🔁 1 ask for, demand 🔁 2 require, need	1. ~을 요구하다 2. ~을 필요로 하다
524 ☐☐ **an army of**	한 무리의, ~의 무리[집단]
525 ☐☐ **be accompanied by**	~을 동반[수반]하다
526 ☐☐ **of necessity** 🔁 necessarily, inevitably	당연히, 필연적으로
527 ☐☐ **as for** 🔁 as to, regarding, concerning	~에 관해 말하자면
528 ☐☐ **be[get] stuck in**	~에 갇히다, ~에 빠져 꼼짝 못하다

529 □□	**cut back on** 🔁 cut down on, reduce	~을 줄이다, ~을 삭감하다
530 □□	**enter into** 🔁 2 form, conclude, contract	1. (논의·처리 등을) 시작하다 2. (관계·협약 등을) 맺다
531 □□	**behind[at] the wheel**	운전하고 있는
532 □□	**go along with** 🔁 agree with	~에 따르다, ~에 동조하다, ~에 찬성하다
533 □□	**get along (with)**	(~와) 잘 지내다
534 □□	**in excess of** 🔁 more than, over	~을 초과하여, ~ 이상으로
535 □□	**let alone** 🔁 not to mention, not to speak of, to say nothing of, needless to say	~은 말할 것도 없이, ~은 물론
536 □□	**nothing more than**	~에 불과한 (것), ~에 지나지 않는 (것)

537 □□ **trial and error**	시행착오
538 □□ **at work** ■ 1 in action ■ 2 working	1. 작용하여 2. 일하는, 작업 중인
539 □□ **beside oneself**	제정신이 아닌, 이성을 잃고
540 □□ **so[as] far as ~ be concerned**	~에 관한 한

541 **correspond to**
□□

1. ~에 상응하다, ~에 해당하다
2. ~에 부합하다, ~에 일치하다

542 **not to mention**
□□
🔳 let alone, to say nothing of, not to speak of, needless to say

~은 말할 것도 없이, ~은 물론이고

543 **be worthy of**
□□
🔳 be worth, deserve

~의 가치[자격]가 있다, ~을 받을 만하다

544 **in essence**
□□
🔳 essentially, fundamentally, basically

본질적으로

545 **give way to**
□□
🔳 3 surrender to

1. ~으로 바뀌다[대체되다]
2. ~에 양보하다, ~에 자리를 내주다
3. ~에 굴복하다[항복하다]

546 **pride oneself on**
□□
🔳 be proud of, take pride in

~을 자랑스럽게 여기다, ~을 자랑하다

547 **contrary to**
□□
🔳 in opposition to

~와 반대로

548 ☐☐	**inherit from**	~에서 물려받다[이어받다]
549 ☐☐	**lose one's temper**	화를 내다
550 ☐☐	**a majority of**	대다수의
551 ☐☐	**a minority of**	소수의
552 ☐☐	**go about** ▣ 1 deal with ▣ 2 start	1. 처리하다[다루다] 2. 시작하다, 착수하다 3. 계속하다
553 ☐☐	**refrain from** *-ing* ▣ restrain oneself from *-ing*	~하는 것을 삼가다[자제하다]
554 ☐☐	**resort to** ▣ depend on, turn to	~에 의지하다
555 ☐☐	**around the clock**	24시간 내내
556 ☐☐	**be short of** ▣ fall short of	~이 부족하다[모자라다]

557 ▢▢	**be liable to** *do* 🔲 be likely to *do*, be apt to *do*	~하기 쉽다, ~할 것 같다
558 ▢▢	**break new ground**	새 분야를 개척하다, 신기원을 이루다
559 ▢▢	**hold on to** 🔲 1 grasp 🔲 2 stick[cling/adhere] to	1. 단단히 잡다, 꼭 붙잡다 2. ~을 고수하다, ~을 계속 유지[보유] 하다
560 ▢▢	**substitute A for B** 🔲 replace[substitute] B with A	B를 A로 대체하다

561
☐☐ **be compelled to** *do*
   ■ be forced[obliged] to *do*

어쩔 수 없이 ~하다, ~하지 않을 수 없다

562
☐☐ **keep pace with**
   ■ keep up with, keep step with

~와 보조를 맞추다, ~에 따라가다

563
☐☐ **play a role (in)**
   ■ play a part (in)

(~에서) 역할을 하다

564
☐☐ **feed on**
   ■ live on

~을 먹고 살다

565
☐☐ **be typical of**

~의 전형이다

566
☐☐ **transform A into B**
   ■ convert A into B

A를 B로 변형시키다[바꾸다]

567
☐☐ **on the basis of**
   ■ based on[upon], according to

~에 근거하여

568
☐☐ **struggle with**
   ■ strive with[against], suffer from

~와 씨름하다, ~으로 고심하다, ~와 싸우다

569	**in distress** 🔁 in trouble, in difficulty[misery]	곤경에 처한, 고통받고 있는
570	**let go of** 🔁 release, give up	~을 놓아주다, ~을 버리다
571	**blow up** 🔁 1 explode 🔁 2 inflate	1. 폭파하다, 폭발하다 2. 바람을 넣다, 부풀리다
572	**relieve A of B**	A에게서 B(짐·부담·책임 등)를 없애다 [덜어 주다]
573	**be comparable to**	~에 필적하다, ~에 비길 만하다
574	**and so forth** 🔁 and the like, and so on, etc.	~ 등등, ~ 따위
575	**come into effect**	시행되다, 발효하다
576	**have a regard for** 🔁 pay respect to	~을 존경[존중]하다
577	**be convinced of**	~을 확신하다

91

578 ☐☐	**at a time**	한 번에, 동시에
579 ☐☐	**at times** 🔲 sometimes, once in a while, from time to time	때때로, 가끔은
580 ☐☐	**at all times** 🔲 always, all the time	항상, 언제나

581 ☐☐	**in relation to** ☐ 1 about, concerning, regarding ☐ 2 by[in] comparison with	1. ~와 관련하여 2. ~와 비교하여
582 ☐☐	**in principle** ☐ 2 generally, mostly, overall, by and large, in general, on the whole	1. 원칙적으로, 이론상으로 2. 대체로
583 ☐☐	**be entitled to *do*** ☐ have a[the] right to *do*	~할 권리[자격]가 있다
584 ☐☐	**work from home**	재택근무하다
585 ☐☐	**on top of** ☐ in addition to, besides	~에 더하여, ~ 외에
586 ☐☐	**be dedicated to** ☐ be devoted to	~에 전념하다, ~에 헌신하다
587 ☐☐	**identify A with B**	A와 B를 동일시하다

588 identify A as B
☐☐

A를 B로 확인하다[식별하다],
A를 B라고 여기다

589 a handful of
☐☐

1. 소수의
2. 한 줌의

590 given that
☐☐
∈ considering that

~을 고려하면

591 serve as
☐☐

~의 역할을 하다, ~으로 근무하다

592 come to an end
☐☐
∈ come to a close

끝나다, 막이 내리다

593 pros and cons
☐☐

찬반양론, 장단점

594 be meant to *do*
☐☐
∈ 1 be supposed to *do*
∈ 2 be intended to *do*

1. ~하기로 되어 있다
2. ~할 의도이다, ~하고자 하다

595 to some extent
☐☐
∈ to some degree

어느 정도, 다소, 얼마간

596 hang out (with)
☐☐

(~와) 시간을 보내다, (~와) 어울리다

597 □□	**compensate for** ▣ make up for	～을 보충하다, ～을 보상[보완]하다
598 □□	**a great deal of** ▣ lots[a lot] of, a good deal of, a host of	많은, 다량의
599 □□	**at the moment** ▣ for now, right now	지금(은), 현재(는)
600 □□	**be caught in**	～에 휘말리다, (비 따위)를 만나다

601 ☐☐	**be committed to** 🔳 be devoted to, be dedicated to	~에 전념하다, ~에 헌신하다
602 ☐☐	**irrespective of** 🔳 regardless of	~와 상관없이
603 ☐☐	**compare A with B**	A와 B를 비교하다
604 ☐☐	**compare A to B**	A를 B에 비유하다, A와 B를 비교하다
605 ☐☐	**be prone to** *do* 🔳 be likely to *do*, be liable [inclined] to *do*	~하는 경향이 있다, ~하기 쉽다
606 ☐☐	**take apart** 🔳 disassemble	~을 분해하다, ~을 해체하다
607 ☐☐	**be devoid of** 🔳 lack in, be deficient in	~이 없다, ~이 결여되다
608 ☐☐	**come around** 🔳 1 recover 🔳 2 change one's mind	1. 회복하다, 소생하다 2. 마음[생각]을 바꾸다

609 □□	**immune to**	1. ~에 영향을 받지 않는 2. ~에 면역성이 있는
610 □□	**be equipped with** 🔁 be furnished with	~을 갖추다, ~이 구비되다
611 □□	**lag behind** 🔁 fall behind	~보다 뒤(처)지다
612 □□	**be possessed of**	(자질·특징을) 지니고 있다
613 □□	**in a matter of**	불과 ~ 만에
614 □□	**be done with** 🔁 complete, finish	~을 끝내다, ~을 마치다
615 □□	**pay a visit**	방문하다
616 □□	**block out** 🔁 1 obstruct	1. (빛·소리 등을) 차단하다 2. (불쾌한 생각·기억 등을) 지우다, 떨쳐 버리다
617 □□	**on and off** 🔁 irregularly, off and on	때때로, 불규칙하게

618
☐☐ **be susceptible to**
　🔲 be vulnerable to

~에 영향을 받기 쉽다, ~에 취약하다

619
☐☐ **in the course of**
　🔲 during

~하는 동안, ~하는 과정에서

620
☐☐ **free up**
　🔲 1 liberate
　🔲 2 secure

1. 해방하다, 자유롭게 해 주다
2. 확보하다

621 ☐☐	**independent of**	1. ~으로부터 독립되어 2. ~와 무관한, ~에 구애받지 않는
622 ☐☐	**allow for** 🔲 1 take ~ into account [consideration], take account of	1. ~을 고려하다, ~을 참작하다 2. ~을 가능하게 하다, ~을 허용하다
623 ☐☐	**be packed with** 🔲 be full of, be crowded with	~으로 가득 차다
624 ☐☐	**in (the) light of**	~의 관점에서, ~에 비추어 보면
625 ☐☐	**hold together** 🔲 1 unite 🔲 3 maintain	1. 연결하다, 단결시키다 2. 일관되다 3. 유지하다
626 ☐☐	**kick in**	효과가 나타나기 시작하다, 활성화되다
627 ☐☐	**impose A on B**	1. A를 B에게 부여[부과]하다 2. A를 B에게 강요하다
628 ☐☐	**on site**	현장에서

---

629 **be inclined to *do***
□□
■ 1 tend to *do*, be apt[prone] to *do*, have a tendency to *do*
■ 2 feel like *-ing*

1. ~하는 경향이 있다
2. ~하고 싶어지다

---

630 **out of sight**
□□

눈에 보이지 않는 (곳에)

---

631 **by definition**
□□

1. 정의상, 의미상
2. 당연히

---

632 **originate in**
□□
■ derive from, stem from

~에서 유래하다, ~에서 비롯하다

---

633 **at the expense of**
□□
■ 2 at the cost[price] of

1. ~을 희생하면서
2. ~의 비용으로[대가로]

---

634 **be subject to**
□□

1. ~의 영향을 받다, ~의 지배를 받다
2. ~하기 쉽다

---

635 **be subjected to**
□□
■ undergo, suffer, go through

~을 받다, ~을 겪다[당하다], ~에 시달리다

---

636 **as a whole**
□□
■ generally, all in all, on the whole, by and large

전체적으로, 대체로

---

637 □ □	**on behalf of** ⊟ 1 on one's behalf, as a representative of, in place of ⊟ 2 for the sake[good/benefit] of	1. ~을 대신하여, ~을 대표하여 2. ~을 위해서
638 □ □	**subscribe to** ⊟ 1 join ⊟ 2 agree to	1. ~에 가입하다, ~을 구독하다 2. ~에 동의하다
639 □ □	**make way for** ⊟ give way to	~에(게) 자리를 내주다
640 □ □	**jump[leap] to conclusions**	성급히 결론을 내리다

| 641 ☐☐ | lay claim to | ~에 대한 권리[소유권]를 주장하다 |

| 642 ☐☐ | rest on[upon]
🔄 1 depend on, rely on | 1. ~에 달려 있다, ~에 의존[의지]하다
2. ~에 기초하다
3. ~에 (놓여) 있다 |

| 643 ☐☐ | cross one's mind
🔄 come to[into] one's mind | 생각이 나다, 생각이 떠오르다 |

| 644 ☐☐ | be stricken with
🔄 contract, develop | ~에 걸리다, ~에 시달리다 |

| 645 ☐☐ | on the same page | 생각이 같은 |

| 646 ☐☐ | come of age | 1. 발달한 상태가 되다, 충분히
발달하다
2. 성년이 되다 |

| 647 ☐☐ | work through
🔄 resolve | ~을 해결하다, ~을 다루다,
~을 처리하다 |

| 648 ☐☐ | in pursuit of | ~을 추구하여, ~을 쫓아서 |

649 ☐☐	**relative to**	1. ~에 대하여, ~와 관련하여 2. ~에 비해, ~와 비교하여
650 ☐☐	**relate to**	1. ~와 관련되다, ~와 관계가 있다 2. ~에 공감하다, ~을 이해하다
651 ☐☐	**associate A with B** 🔁 correlate A with B	A를 B와 연관시키다
652 ☐☐	**be better off**	(상황·형편이) 더 낫다
653 ☐☐	**speak highly of** 🔁 praise	~을 칭찬하다, ~을 높이 평가하다
654 ☐☐	**win over** 🔁 persuade, bring over	설득하다, 자기편으로 끌어들이다
655 ☐☐	**lend oneself to** 🔁 2 fit, be appropriate[suitable] for	1. ~에 가담하다 2. ~에 적합하다
656 ☐☐	**get hold of** 🔁 1 obtain 🔁 2 contact	1. ~을 구하다, ~을 손에 넣다 2. ~와 접촉[연락]하다

657 ☐☐	**on charges of** ⊟ on a[the] charge of	~의 혐의로
658 ☐☐	**conform to** ⊟ 2 comply with	1. ~에 부합하다[들어맞다] 2. ~을 따르다, ~에 순응하다
659 ☐☐	**stick up for** ⊟ 2 defend	1. ~을 지키다 2. ~을 옹호하다
660 ☐☐	**have access to**	~에 접근할 수 있다, ~을 이용할 수 있다

661 □□	**settle on** ◨ decide on	~을 (결)정하다
662 □□	**be opposed to** ◨ object to	~에 반대하다
663 □□	**look out for** ◨ 1 take care of ◨ 2 watch out for	1. ~을 보살피다 2. ~을 주의하다
664 □□	**run the risk of**	~의 위험을 무릅쓰다, ~의 위험이 있다
665 □□	**bring down** ◨ 1 reduce, lower	1. 내리다, 낮추다 2. 붕괴시키다, 파멸시키다
666 □□	**in parallel with**	~에 병행하여, ~와 동시에
667 □□	**mistake A for B**	A를 B로 착각하다[오해하다]
668 □□	**be keen to *do*** ◨ be eager to *do*	~하기를 열망하다, 몹시 ~하고 싶어 하다

669 **opt for**
□□ ▣ choose

~을 선택하다

670 **native to**
□□

1. ~에 고유한
2. ~의 토종인, ~ 태생인

671 **be in control (of)**
□□

(~을) 통제[지배]하다

672 **be under control (of)**
□□

(~의) 통제[지배]하에 있다

673 **center around**
□□ ▣ concentrate on, focus on,
center on

~에 집중하다, ~에 초점을 맞추다

674 **reliant on[upon]**
□□ ▣ dependent on[upon]

~에 의존[의지]하는

675 **be occupied with**
□□ ▣ 1 be absorbed in,
be immersed in
▣ 2 be busy with

1. ~에 몰두하다
2. ~으로 바쁘다

676 **get to the point**
□□ ▣ come to the point

본론으로 들어가다, 핵심에 이르다

677 fall short of
☐☐ ■ be short of

~에 미치지 못하다

678 (every) once in a while
☐☐ ■ sometimes, from time to time,
on occasion, occasionally

가끔, 때때로

679 put ~ on hold
☐☐ ■ suspend

~을 보류하다, ~을 잠시 중단하다

680 at the outset (of)
☐☐ ■ from the outset (of), at the
beginning[start] (of)

(~의) 처음에

681
□□ **conceive of**
■ imagine, come up with

~을 상상하다, ~을 생각해 내다

682
□□ **make for**
■ 1 contribute to
■ 2 bring about, promote
■ 3 head for

1. ~에 기여하다, ~에 도움이 되다
2. ~을 야기하다, ~을 조장하다
3. ~으로 향하다

683
□□ **be concerned about [for]**
■ be worried about, be anxious about

~에 대해 걱정[염려]하다

684
□□ **be concerned with**
■ 1 be interested in
■ 2 be associated with

1. ~에 관심을 두다
2. ~와 관련이 있다

685
□□ **have a dread of**
■ be afraid[scared] of, fear, dread

~을 겁내다, ~을 두려워하다

686
□□ **proceed to** *do*

이어서 ~하다

687
□□ **thrive on**
■ 1 enjoy
■ 2 do well

1. ~을 즐기다
2. ~을 잘 해내다

688 ☐☐	**in opposition to**	1. ~와 대비되어[대조적으로] 2. ~에 반대[대립]하여
689 ☐☐	**blow away** 目 1 impress	1. ~을 감동시키다, ~에게 강한 인상을 주다 2. ~을 날려 버리다
690 ☐☐	**for the time being** 目 for the moment[present], for now, temporarily	지금 당장은, 당분간은
691 ☐☐	**hold true**	1. 진실이다, 사실이다 2. 딱 들어맞다, 적용되다, 유효하다
692 ☐☐	**in the absence of**	~이 없을 경우[때]
693 ☐☐	**at length** 目 1 thoroughly, fully, in detail 目 2 for a long time 目 3 finally, eventually, at last, in time, in the end	1. 상세히, 장황하게 2. 오랫동안 3. 마침내
694 ☐☐	**elaborate on[upon]**	~을 상세히 말하다
695 ☐☐	**cost a fortune**	많은 돈이 들다, 엄청나게 비싸다

696 on the horizon

■ just around the corner

곧 일어날 듯한, 임박하여

697 be conscious of

■ be aware of

~을 인식[의식]하다, ~을 알고 있다

698 be suspicious of

■ be doubtful of

~을 의심하다

699 keep ~ to oneself

1. ~을 마음속에 담아 두다,
   ~을 비밀로 간직하다
2. ~을 독점하다

700 miss out on

~을 놓치다

WORD MASTER
SERIES

WORD MASTER
SERIES

PART

III

빈출순으로 암기하는
고난도 숙어

| 701 | **catch up on**
圓 1 compensate for | 1. ~을 보충하다, ~을 만회하다
2. (소식·정보를) 알아내다 |

702 from scratch
圓 from the start, from nothing

맨 처음부터, 아무것도 없이

703 dwell on[upon]
圓 reflect on, think[puzzle] over

~에 대해 숙고하다

704 come into play

작동[활동]하기 시작하다

705 by and large
圓 on the whole, in general, generally

대체로, 전반적으로

706 cling to
圓 stick to, hold on to, adhere to

~에 매달리다, ~을 고수하다

707 as such
圓 thus, therefore

따라서, 그러므로

708 in line with
圓 1 in accordance with

1. ~에 따라, ~에 맞춰서
2. ~와 일치하는, ~와 비슷한

709 ☐☐	**be the case** ⊟ be true, be correct	사실이다
710 ☐☐	**pin down**	1. 명확하게 규정하다, 정확히 밝히다 2. 꼼짝 못 하게 하다
711 ☐☐	**by any chance**	혹시, 혹시라도
712 ☐☐	**with[in] regard to** ⊟ relative to, with[in] respect to	~에 관해서, ~와 관련하여
713 ☐☐	**be tied to** ⊟ be related to, be associated with	~와 관련이 있다, ~와 연관되어 있다
714 ☐☐	**in no time** ⊟ soon, immediately, shortly	곧, 즉시
715 ☐☐	**and the like** ⊟ and so forth, and so on	기타 등등
716 ☐☐	**fall into place** ⊟ fit together, fit into place, make sense	제자리를 찾다, 앞뒤가 맞다, 딱 맞아떨어지다

717 go hand in hand
☐☐

밀접하게 관련이 있다

718 in and of itself
☐☐

그 자체로

719 follow through on
☐☐

~을 완수하다

720 for the benefit of
☐☐
　🔁 for the sake[good] of

~을 위하여

| 721 ☐☐ | **come down with** | (병에) 걸리다 |

| 722 ☐☐ | **in accordance with**
🔁 according to, in line with | ~에 따라, ~에 부합하게 |

| 723 ☐☐ | **tap into**
🔁 1 gain access to
🔁 2 make use of, utilize | 1. ~에 다가가다[접근하다]
2. ~을 활용하다 |

| 724 ☐☐ | **more often than not**
🔁 often | 자주, 대개, 흔히 |

| 725 ☐☐ | **capitalize on**
🔁 tap into, take advantage of | ~을 이용[활용]하다 |

| 726 ☐☐ | **take the place of**
🔁 substitute for | ~을 대신하다, ~을 대체하다 |

| 727 ☐☐ | **with[in] respect to**
🔁 with[in] regard to, relative to | ~에 대하여, ~와 관련하여 |

| 728 ☐☐ | **rule out**
🔁 exclude, eliminate | ~을 배제하다, ~을 제외시키다 |

| 729 □□ | **by no means** | 절대[결코] ~이 아닌 |
| | ■ never, anything but, far from, not at all | |

| 730 □□ | **by all means** | 반드시, 무슨 수를 쓰더라도 |
| | ■ at any cost, by any means | |

| 731 □□ | **all the more** | 더욱더, 그만큼 더, 오히려 |

| 732 □□ | **ascribe A to B** | 1. A를 B의 탓으로 돌리다 |
| | ■ 1 attribute[owe] A to B | 2. A를 B에 속한다고 여기다 |

| 733 □□ | **by the same token** | 같은 이유로, 마찬가지로 |
| | ■ for the same reason, likewise, similarly | |

| 734 □□ | **in proportion to** | ~에 비례하여, ~와 균형을 이루어 |

| 735 □□ | **on a whim** | 즉흥적으로, 충동적으로 |
| | ■ on impulse | |

| 736 □□ | **at one's disposal** | ~의 마음대로 사용할 수 있는 |

| 737 □□ | **it follows that** | ~이라는 결론에 이르다 |

738 still less

■ much[even] less, not to mention

《부정문 뒤에서》 ~은 더구나 아니다, ~(이 아님)은 더 말할 것도 없다

739 by any measure

아무리 생각해 보아도, 틀림없이

740 do the trick

■ turn the trick, do the job, have an effect (on)

효과가 있다, 성공하다

741 ☐☐	**get in the way (of)** ▣ be[stand] in the way (of)	(~에) 방해가 되다, (~을) 가로막다
742 ☐☐	**add up to** ▣ 1 result in ▣ 2 amount to	1. 결국 ~이 되다 2. 합계가 ~이 되다
743 ☐☐	**make the most of**	~을 최대한 활용하다[즐기다]
744 ☐☐	**make the best of**	1. ~을 최대한 이용하다 2. ~을 어떻게든 극복하다, (힘든 상황에서도) 최선을 다하다
745 ☐☐	**at stake** ▣ 1 at risk	1. 위태로운, 위기에 처한 2. 성패가 달려 있는
746 ☐☐	**be obliged to *do*** ▣ be forced[compelled/bound] to *do*	~할 의무가 있다, ~하지 않을 수 없다
747 ☐☐	**do one's utmost** ▣ try[do] one's best	최선을 다하다
748 ☐☐	**in concert with** ▣ in combination[league] with	~와 함께, ~와 협력[제휴]하여

120

749 **hit upon**
☐☐ ☐ come up with

~을 생각해 내다, ~을 문득 떠올리다

750 **by virtue of**
☐☐ ☐ thanks to, in virtue of,
by means of

~ 덕분에, ~에 의해서

751 **the other way around**
☐☐

반대로, 거꾸로

752 **for good measure**
☐☐ ☐ in addition, besides, as an
extra

추가로, 한술 더 떠서

753 **abide by**
☐☐

~을 준수하다, ~을 지키다

754 **in the midst of**
☐☐

~이 한창일 때, ~의 한가운데에

755 **few and far between**
☐☐ ☐ rare, scarce, unusual,
uncommon

흔하지 않은, 드문

756 **on the verge of**
☐☐ ☐ at the point of, on the brink of

~하기 직전에, 막 ~하려고 하는

757 □□	**shed light on** □ cast[throw] light on, clear up, clarify	~을 밝히다, ~을 해명하다
758 □□	**as far as it goes** □ so far as it goes	어느 정도는
759 □□	**hold down** □ 1 withhold, restrain, control	1. 억제하다 2. 제압하다, 억압하다
760 □□	**go to any length(s)**	무엇이든 하다, 온갖 노력을 다하다

761 **on account of**
□□ ▣ because of, due to, owing to, thanks to

~ 때문에

762 **draw on[upon]**
□□ ▣ 1 make use of, take advantage of
     ▣ 2 depend on

1. ~을 이용[활용]하다
2. ~에 의지하다

763 **come of**
□□

~의 결과로 나오다, ~의 결과이다

764 **down the road**
□□ ▣ 1 in the future

1. 장래에, 앞으로
2. ~ 후에

765 **out of the blue**
□□ ▣ suddenly, unexpectedly, all of a sudden, out of nowhere

갑자기, 느닷없이

766 **leave off**
□□ ▣ stop, cease, quit

멈추다, 중단하다

767 **think outside the box**
□□

고정 관념을 깨다, 새로운 사고를 하다

768
as to
- 1 as for, with[in] regard to, with[in] respect to, as regards
- 2 about

1. ~에 관해서는
2. ~에 대하여

769
thumb through

휙휙 넘겨보다, 급히 훑어보다

770
be bound up with
- go hand in hand

~와 밀접한 관련이 있다

771
go all out
- make a great effort, do one's utmost

전력을 다하다

772
conjure up
- 1 come up with, evoke

1. ~을 떠올리다[상기시키다]
2. (주문을 외워) ~을 나타나게 하다

773
for the sake of
- for the benefit of

~을 위하여

774
stumble on[upon]
- bump into, come across

~을 우연히 발견하다

775 ☐☐	**venture into** ■ 1 venture on[upon], run the risk of	1. ~을 감행하다, 위험을 무릅쓰고 ~하다 2. ~으로 모험을 떠나다
776 ☐☐	**at a loss** ■ embarrassed, puzzled	당황한, 어쩔 줄 모르는
777 ☐☐	**in compliance with** ■ in line with, in accordance with	~에 따라, ~에 응하여
778 ☐☐	**get down to** ■ start, begin	~을 시작[착수]하다
779 ☐☐	**strike down** ■ 1 knock down ■ 2 abolish, do away with	1. ~을 쓰러뜨리다 2. ~을 폐지하다
780 ☐☐	**make a point of** *-ing*	반드시 ~하다

781 □□ **in[with] reference to**
🔁 with regard to, with respect to

~와 관련하여

782 □□ **get anywhere**
🔁 be successful

성과를 거두다, 성공하다

783 □□ **to say nothing of**
🔁 not to mention, let alone, still less

~은 말할 것도 없고

784 □□ **take the trouble to** *do*
🔁 make the effort to *do*

수고스럽게[수고를 아끼지 않고] ~을 하다

785 □□ **be at odds with**

~와 불화하다, ~와 상충하다

786 □□ **come to pass**
🔁 take place, come about

발생하다, 일어나다

787 □□ **follow suit**

따라 하다, 선례를 따르다

788 □□ **in the wake of**
🔁 1 as a result of, as a consequence of

1. ~의 결과로서
2. ~에 뒤이어

789 □□	**get on with** ▤ 1 go on with ▤ 2 get along with	1. ~을 계속하다, ~을 해 나가다 2. ~와 잘 지내다
790 □□	**make ends meet** ▤ 1 earn a living	1. 겨우 먹고살 만큼 벌다, 생계를 유지하다 2. 수입과 지출의 균형을 맞추다
791 □□	**at the mercy of**	~ 앞에서 속수무책인, ~에 휘둘리는
792 □□	**be fed up with** ▤ be tired of, be sick of	~에 진저리가 나다, ~에 질리다
793 □□	**phase out**	단계적으로 폐지[중단]하다
794 □□	**in this regard** ▤ in this respect	이러한 점에서, 이 점에 있어서는
795 □□	**stand in for** ▤ take the place of, substitute for	~을 대신하다
796 □□	**ward off**	~을 막다, ~을 물리치다, ~을 피하다

797 □□	**on the ground(s) that**	~라는 이유로
798 □□	**see to it that** ⊟ make sure that	반드시 ~하도록 하다
799 □□	**for good (and all)** ⊟ forever, permanently	영원히, 영구히
800 □□	**on the edge of**	1. ~의 가장자리에 2. 막 ~하려던 참에, ~에 임박하여